a b c d e f g h i j k l m n o

Uu

A B C D E F G H I J K L M N O P Q R S T U V W X Y Z

Can you see my umbrella?

nopqrstuvwxyz

NOPQRSTUVWXYZ

Can you see my uncle?

n o p q r s t u v w x y z

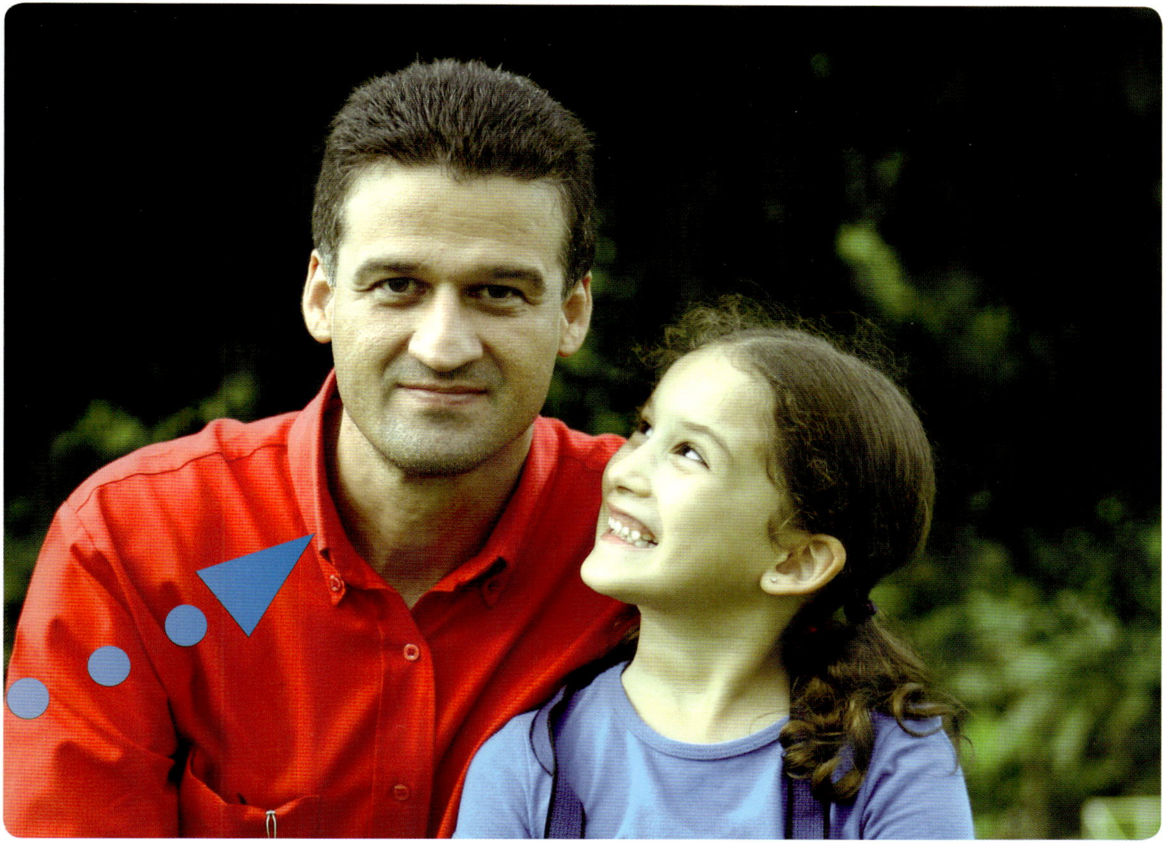

N O P Q R S T U V W X Y Z

Can you see my undershirt?

n o p q r s t **u** v w x y z

N O P Q R S T **U** V W X Y Z

Can you see my underpants?

Can you see my underarm?

n o p q r s t **u** v w x y z

N O P Q R S T **U** V W X Y Z

Glossary

umbrella

uncle

underarm

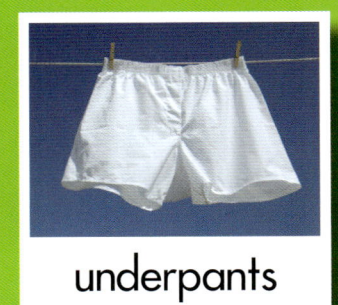

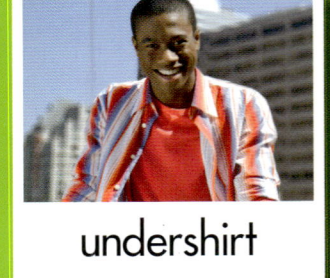

underpants

undershirt